Charlotte El Böhler-Mueller

Aphorismen - Geistesblitze

D1728821

Bibliografische Information der Deutschen Bibliothek

Die Deutsche Bibliothek verzeichnet diese Publikation in der Deutschen Nationalbibliografie, detaillierte Daten sind im Internet über http://dnb.ddb.de abrufbar.

ISBN 3-89969-044-3

Charlotte El Böhler-Mueller

Aphorismen

Geistesblitze

 PRINCIPAL VERLAG

Die Autorin

CHARLOTTE EL BÖHLER-MUELLER wurde 1924 in
Buxheim an der Iller geboren. Schon seit frühe-
ster Jugend beschäftigt sie sich mit Malen, Zeich-
nen, Musizieren und Komponieren sowie dem
Verfassen von Gedichten und Geschichten.

Wohlwollende Kritik hat mich weiter gebracht
als oberflächliche Bewunderung.

✳

Man müsste eigentlich seine Feinde lieben,
denn sie sehen uns viel größer, als wir sind.

✳

Sage das Positive einem Menschen auch ungefragt,
das Negative jedoch nur,
wenn du nach deiner Meinung gefragt wirst.

✳

Jemanden zu verstehen, ihm zu verzeihen,
heißt nicht zwangsläufig,
dass die alte Beziehung zu ihm
wieder gewünscht wird.

✳

Jemanden zu lieben heißt,
auch seine Fehler ohne Groll anzunehmen.

✳

Bedenke, dass deine Sehweise
für deine Mitmenschen kein Obligo ist.

✳

Nimm anders Denkende ernst;
es lohnt sich bisweilen,
ihre Meinung zu überprüfen,
die eigene Perspektive dadurch zu erweitern.

✳

Sage einem Menschen, er sähe gut aus -
er wird sich augenblicklich besser fühlen.

✳

Geliebt werden ist schön.
Gebraucht werden ist wichtig.

✳

Einem Liebenden Freundschaft anzubieten,
ist wie einem Hungernden ein Glas Wasser reichen.

✳

Der Neugierde und der Eitelkeit verdanken wir,
was erforscht, entdeckt und erfunden wurde.

∗

Wie wenig ist doch nötig,
um einem geliebten Menschen zu verzeihen.

∗

Sooft dir Gutes widerfährt,
hat GOTT dich berührt.

∗

Wen die Götter lieben,
dem geben sie einen Freund zur Seite.

✳

Soll die Gegenwart nicht
sowohl eine Vergangenheit
als auch eine Zukunft haben?

✳

Weshalb nur werde ich nie wissen,
was ich glaube?

*

Glücklich ist nicht, wer es ist -
sondern wer weiß, dass er es ist.

*

Es ist kein Verdienst, jemanden zu lieben;
es ist eine Gnade, ein Himmelsgeschenk
oder - je nachdem - ein Fluch.

*

Du kannst die Welt,
die Menschen nicht ändern,
wohl aber deine Einstellung zu ihnen.

＊

Erinnerungen sind das Lächeln der Vergangenheit.

＊

Liebe und Erinnern -
beides lässt sich weder befehlen noch verbieten.

＊

Im selben Moment, in dem man sich das Ende
eines - glücklichen oder unglücklichen - Zustands
vorzustellen vermag, hat es bereits begonnen.

✳

»Lass uns von nun an Freunde sein!«

Dies kann man einem Feind,
nicht aber einem uns liebenden
Menschen anbieten.

✳

Die Liebe ist eine Seele
in zwei Menschen.

✳

Kann man das:
Nachholen, was man versäumt hat?

✳

Mit dem Denken und dem Überlegen
ist es wie mit dem Geige oder Klavier spielen:
Man muss es täglich üben.

✳

»Das mache ist später!«

Aufgeschoben ist oftmals
(für immer) aufgehoben.

✳

›Beruf‹ sollte stets
aus ›Berufung‹ hervorgehen.
Nur dann kann die Arbeit
Freude und Erfolg bringen.

✳

»Komm doch mal vorbei!«

Wann? Heute? Morgen?
Oder eigentlich:
nicht unbedingt nötig?

＊

Wenn das Treusein Spaß macht,
ist es Liebe.

＊

›Zufall‹, so heißt es,
sei das ›Pseudonym Gottes‹.

✳

Auch die Trauer muss ihren Ausdruck haben.
Verlorenes Glück ist der Tränen wert.

✳

Neugier ist der Anfang,
der Weg zur Weisheit.

✳

Verbiete einer Nelke zu duften!

※

Jede Begegnung, jedes Erlebnis
verändert unsere Weltsicht.

※

Amerikaner?
Alt gewordene Kinder.

※

Wissen wir denn, wozu wir
unter gewissen Umständen
fähig wären?

✳

Weinen und trauern kann man allein.
Zum Freuen und Lachen aber
braucht man einen Freund.

✳

Ist ein Gott,
ist der Satan
der Schöpfer der Liebe?

＊

Mein Freund kann nur sein,
wer über dasselbe lachen kann wie ich.

＊

Kinder müssen, wie auch alte Menschen,
voll und ganz ernst genommen werden.
Die Anzahl der Lebensjahre
darf keine Werteskala sein.

*

Lieber Neid
als Mitleid verdienen.

*

Bedenke, dass du für jenen,
welcher dir suspekt erscheint,
ebenfalls ›anders‹, ›abnorm‹ bist.

✳

Hast du heute schon dafür gedankt,
dass du sehen, hören, fühlen, atmen kannst?

✳

Man sollte keine Mahlzeit zu sich nehmen
- sei es eine Kartoffel, sei es Kaviar -,
ohne dafür zu danken.

*

Sooft du keinen Grund hast zu weinen,
hast du Grund genug,
zu lachen, dich zu freuen.

*

Weshalb ziehen sich Menschen
von ihren Wohltätern zurück,
sobald es ihnen gut geht?
Weil sie durch diese an missliche Situationen
ihrer Vergangenheit erinnert werden!

✳

Die Farben sind der Jubel der Erde.

✳

Eine Gabe, egal ob groß, ob klein,
sollte von Herzen kommen.

✳

Da das Gebenkönnen reich macht,
gönne auch einem Ärmeren dieses Glück.
Mit Freude nehmen zu können,
ist genauso wichtig,
wie mit Bescheidenheit zu geben.

✳

Träume machen immer froh.
Sind es selige, schöne, dann sowieso.
Sind es böse, ja, schreckliche,
dann ist man froh,
dass es NUR EIN TRAUM war.
Also: Sie machen immer froh.

✳

Die Augen seien die Fenster zur Seele?
Mag sein. Doch manchmal ist das Glas zu dick,
sodass der Blick nicht hindurchgeht.

✳

Für gutes Aussehen gibt es
keine bessere Medizin oder Kosmetik
als Zufriedenheit.
Wenn diese aus einem Gesicht lächelt,
dann wird dieses dadurch verklärt,
wird schön.
Dafür braucht es überhaupt nicht ›hübsch‹ zu sein.
Hübsch ist man äußerlich.
Schönheit kommt von innen.

✳

Viel häufiger geschieht
das Verschweigen einer Wahrheit
aus Angst, Scham, Rücksicht, ja Liebe
als aus Unehrlichkeit oder Mangel an Vertrauen.

✳

Mancher befreit sich durch ein Geständnis
von seinem schlechten Gewissen, einer Last,
und zerstört damit das Glück eines andern.

✳

Manche Großzügigkeit wird nur begangen,
um den davon Profitierenden
noch kleiner, noch bedürftiger
und den Gönner
noch größer, noch (erfolg-) reicher darzustellen.

✳

Wusstest du, dass beim Lachen,
ja schon beim Lächeln, alle Organe mit-›lächeln‹,
sich in einer positiveren Situation befinden,
im Körper ein Wohlbehagen ausgelöst wird?

✳

Als von den andern so genanntes Multitalent
werde ich oft gefragt:
»Was können Sie eigentlich nicht?«
Stets antworte ich : »Melken.«
Nicht nur, dass manch einer stolz verkündet:
»Aber ich, ich kann melken.«
Auch andere spüren dann plötzlich,
dass auch sie gewiss vieles können, was ich,
die bewunderte Person, nicht kann.
Eine Schranke wurde beseitigt.

✳

Alles, was in einem menschlichen Hirn
sowohl an Gutem, Himmlischem
als auch an Bösem, Satanischem
erdacht werden kann, ist geschehen
und kann jederzeit wieder geschehen.

✳

Allein sein - in der Fremde sein:
Beides schön, wenn man es nicht *muss*.

✳

Atmen:
Dialyse;
Reinigung oder Austausch
verbrauchter in ›neue‹ Luft.

*

Trauer:
Man beweint
seinen eigenen Verlust.

*

Sylvester '94

Trauer:
Jede Träne zeugt
von verlorenem Glück.

*

Schlafen:
Die Welten tauschen.

*

Träumen:
In unser eigentliches,
uns verborgenes ›Ich‹ eintauchen.

*

Träumen:
Begegnung mit unserem zweiten,
unserem eigentlich ›anima‹ -lischen Ich.

✳

Wie reich ist doch
ein zufriedener, armer Mann;
wie arm
ein unzufriedener reicher.

✳

Egal, mit wie vielen und freundlichen Worten
du einem andern etwas versagst:
Dieser hört einzig und allein
das ›Nein‹.

*

Neid ist
verhohlene Bewunderung.

*

Jeder sieht nur
mit seinen eigenen Augen.
Keiner vermag
mit den deinen zu sehen.

*

Manche Menschen
werden nie alt;
manche waren nie jung.

*

Wie oft doch sind die
›unwichtigen‹, ›sinnlosen‹ Dinge
für unser Wohlbefinden,
ja, für unser Glücklichsein
die wichtigsten, sinnvollsten.

*

Das Wasser:
Himmelsgeschenk;
köstlichster aller Durstlöscher;
herrlichste Wohltat für die Haut;
unerlässlich zur Reinigung;
Garant für Leben und Wachstum;
massenmordend in seiner
unbezähmbaren Ekstase.
Das Wasser.

✳

Vielleicht ist die ganze Schöpfung
nur ein Traum Gottes?

*

Freunde kann man wählen,
nicht aber die Verwandten.

*

Sobald man etwas ist, hat oder kann,
was nicht ein jeglicher ist, hat oder kann,
scheint man für die andern suspekt.

*

Kann auch gut gehen:
In neuen Schuhen zum Tanzen,
mit neuen Bekannten in den Urlaub zu gehen.

✳

Gleichgültigkeit ist schlimmer als Hass.
Hass ist verwandelte Liebe;
ist Emotion,
welche der Gleichgültigkeit fehlt.

✳

Kinder können sich ihre Eltern,
Eltern sich ihre Kinder
nicht aussuchen.

✳

Rechtschaffene Eltern:
Höchstes Glück
und schönste Verpflichtung.

✳

Männer scheinen mit dem Kopf zu fühlen,
Frauen dafür mit dem Herzen zu denken.

✳

Zu keiner Zeit zuvor
haben sich die Menschen
mit so viel Selbstverständlichkeit
so vieler Dinge bedient,
deren Beschaffenheit und
Funktionsfähigkeit sie nicht
begreifen konnten, wie heute.

✳

Reisen:
bringt immer Gewinn
und sei es nur die Erkenntnis,
wie schön es doch zu Hause ist!

*

Sollten wir ›böse‹ Menschen
nicht lieber ›unglücklich‹ nennen?
Sie zu bedauern,
statt zu hassen,
bekäme auch uns selbst besser.

*

Ach! Dass so viele unzufriedene Menschen
GOTT mit dem Klerus identifizieren.

＊

Viele denken, an Gott zu glauben,
sei etwas für naive, infantile Menschen,
sei eines Aufgeklärten, ›Gebildeten‹ unwürdig!?

＊

Die Arroganz
verleitet die Menschen bisweilen,
eine Entdeckung
mit Erschaffung zu verwechseln.

＊

Noch vieles ist verborgen;
noch vieles zu entdecken.

*

Glück halten viele Menschen
für ihr eigenes Verdienst.
Unglück hingegen
für die Schuld
eines ungerechten Gottes.

*

Die grandiose Entdeckung der Botaniker
C. Baxter (USA) und J. Gunar (UDSSR),
dass Pflanzen nicht nur Signale unserer Sprache,
sondern, und dies vor allem,
unseres Denkens empfangen
und darunter erwiesenermaßen leiden können,
dürfte der Menschen Verhalten zur Schöpfung,
zumal zur Flora, entscheidend verändern.

✳

Wie vieles bleibt uns verborgen,
weil wir nicht die Augen des Adlers
und die Ohren eines Delfins besitzen.

✳

»Schutzengel?
Ph! Brauche ich keinen.
Mir ist noch nie etwas passiert.« (???)

✳

»Es kennt mich ja keiner«,
lässt manch einen in der Fremde
zum ›Pfau‹ oder - je nachdem -
zum ›Gammler‹ werden.

※

Oft hinterlassen Menschen,
deren Heime vor Sauberkeit strahlen,
ungeniert ihren Unrat
auf öffentlichen Straßen oder Plätzen.

※

Mancher zeigt am Ferienort
hemmungslos seine Haut,
da um ihn ja ›nur‹ Fremde sind.

✳

Unser Image ist keineswegs *das* Bild,
welches wir selbst von uns haben,
sondern der Eindruck,
welchen wir auf unsere Umwelt machen.

✳

Sich selbst mit den Augen
der andern sehen,
wäre sehr interessant und hilfreich.

✳

Wer seriöse Literatur
über ein fremdes Land studiert hat,
kennt dieses oftmals besser
als die meisten Touristen,
welche dort Ferien verbracht haben.

✳

›Schlechte Manieren‹
sind kultur-, milieu- und erziehungsbedingt.
Keinesfalls weisen sie auf Wert und Charakter
eines Menschen hin.

✳

Manche Familie
wird von einem hochgebildeten
›tadellosen‹ Zeitgenossen tyrannisiert!

✳

Man sage nicht:
»Das passt nicht zu ihm/ihr.«
Es passt lediglich nicht zu dem Bild,
welches man sich von ihm/ihr gemacht hatte.

＊

Eines Pessimisten größte Freude und Genugtuung
sind negative Nachrichten und Prognosen.

＊

In Zeiten des Wohlergehens
fällt es leichter,
einer Versuchung zu widerstehen,
als in der Misere.

✳

Für etwas, das Freude macht,
hat man immer Zeit und Geld.

✳

GOTT!
ER gibt so viel
unverdienterweise.
ER nimmt auch viel
unverdienterweise.
Alles nach SEINEM
uns unbekannten Ermessen.

✳

GOTT!
SEIN Geben ist keine Belohnung,
so, wie auch SEIN Nehmen keine Strafe ist.

＊

Kredit hat stets nur,
wer keinen nötig hat.

＊

Mit Wasser kann man Feuer bekämpfen.
Womit aber bekämpft man das Wasser?

＊

Wären die Menschen doch nur ›tierischer‹,
dann gäbe es
keine Vergewaltigung,
keine Kindesmisshandlung,
keinen Kindesmissbrauch
und keinen Mord aus bloßer Habgier.

✳

Eine Katze wird dir nie ›gehören‹.
Wenn du Glück hast, akzeptiert *sie* dich.

✳

Der Hund: Sklave des Menschen
(genannt: treu, bester Freund).
Die Katze ist der ›freie Herrscher‹
über den Menschen, ihr Tun und Lassen
(genannt: falsch, unberechenbar).

*

Es ist völlig zwecklos,
die Sorgen ›ersäufen‹ zu wollen -
sie können schwimmen.

*

Wir können von niemandem fordern,
uns ewig zu lieben,
wohl aber uns mit Respekt
und Höflichkeit zu behandeln.

*

Jeden Tag so leben, als sei es unser letzter.
Nichts tun und nichts unterlassen,
was wir morgen bereuen könnten,
wofür es morgen zu spät sein könnte.

*

Ein neugeborenes Kind!
Gott glaubt noch an die Menschen.

✳

Der Rationalist:
Weshalb machst du dir die Mühe,
selber Gedichte zu schreiben?
Die kann man doch auch fertig kaufen.

✳

Bei der Partnerwahl
und beim Überholen mit dem Auto:
im Zweifelsfalle NIE!

✳

Herbstnebel,
ihr gnädigen Schleier
über den dürren Wangen
des alt gewordenen Jahres!

✳

Töte nicht die Stille!
In ihr allein ist Werden und Vergehen.

＊

Die Gegenwart ist immer nur
das Echo der Vergangenheit.

＊

Soll denn der Schmetterling,
um den Wurm nicht zu kränken,
ebenfalls auf dem Bauch kriechen?

＊

Töte eine Mücke
und du tötest eine ganze Welt.

＊

Das Hinabbeugen zum Kleinen
ist Hinaufsteigen zum Großen.

＊

Nicht der Mensch,
die ganze Schöpfung
ist das Ebenbild Gottes.

＊

Wir können keinen Menschen beurteilen,
wenn wir nicht seine Welt,
seine Umgebung gesehen haben.

*

Wer andern Freund ist,
wird immer Freunde haben.

*

»Ich sage eben ehrlich, was ich denke.«

Beliebter Ausspruch von Menschen,
welche offenbar nur Beleidigendes denken.

*

Danke Gott für alles
was ER dir schenkt und
was ER dir versagt.
Nur ER allein weiß,
was für dich gut ist.

＊

Ist die Abwesenheit von Unglück
nicht Grund genug,
um glücklich zu sein?

＊

Weiße Birken!
Wie liebte sie mein Vater!
Vater, jede weiße Birke
grüßt mich von dir.

✳

Die gute Tat!
Es gibt wirklich Menschen
welche sie jeden Tag vollbringen - an Fremden.
Weshalb nicht auch innerhalb der eigenen Familie?

✳

Dort! Der erste Jasmin!
Hier! Ein neugeborenes Kind!
Ein Vöglein in den Zweigen,
singt es nur für mich allein
oder hört es außer mir noch jemand?
Sichtbare Zeichen:
GOTT liebt uns noch.

✳

Sorgfältig schreite ich über die Erde.
Sie birgt fast die ganze Welt
meiner kleinen Jahre.
Dort unten ruhen sie.
Ich über ihnen.
Noch.

❋

Sich selbst ein wenig kleiner,
seine Umwelt etwas größer sehen.
Wie einfach ist es doch,
zufrieden und glücklich
oder zumindest dankbar zu sein.

❋

Sind wir denn geboren
um pausenlos glücklich zu sein?
Oder vielleicht um dazu beizutragen,
dass das Leben uns anvertrauter Menschen
durch unser Zutun
freudvoller, leichter und reicher wird?
Könnten dann am Ende nicht
auch wir selbst darüber glücklich sein?

※

Einem Menschen zu helfen
bedeutet oft nichts weiter,
als ihn nicht an seiner Entfaltung
und Selbstverwirklichung
zu hindern.

✳

Hinter den meisten erfolgreichen Menschen
steht oftmals ein unsichtbarer, großer, bescheidener.

✳

Durch jede Begegnung
und durch jedes Erlebnis
werden wir verändert.
Wir sind also nichts weiter,
als die Summe der Eindrücke,
welche die Welt in uns hinterlässt.

✳

Treue muss Bedürfnis sein, nicht Tugend.

✳

Schönes Denken macht das Leben schön.
Trauriges Denken macht das Leben traurig.
Ergo: Der Mensch ist, was er denkt.

＊

Glaubst du, deinen Freund stört an dir nichts,
nur weil er dies nicht sagt?
Unehrlich? Aber nein!
Er liebt eben dich und nicht deine Vorzüge.

＊

Genies sind Pipelines Gottes.
Talente wissen deren Inhalte
trefflich zu gebrauchen.

＊

Das Unterbewusstsein nährt das Bewusstsein
und wird auch von diesem genährt.

＊

Kein Mensch ist unser Eigentum
weder unser Ehepartner noch unser Kind.
Liebe gibt kein Recht zur Unterdrückung,
wohl aber die Gelegenheit,
das Leben geliebter Menschen
glücklicher zu machen.

✳

Tanzen:
Musik sichtbar machen.

✳

Nicht wir haben einen Traum, sondern:
Der Traum hat uns.

✳

Träume?
Könnte es sein, dass dies nur
ererbte Erinnerungen sind?
Das kurze Aufflackern längst erloschener Lichter,
Gesichter, Orte und Zeiten unserer Ahnen?

✳

Große Seelen erkennt man daran,
dass sie an kleinen Dingen nicht vorübergehen.

✳

Es ist besser,
sich eines verlassenen Mitmenschen anzunehmen,
als einen neuen Stern zu entdecken.

✳

Jemanden Stricken zu lehren ist besser
als ihm einen Schal zu schenken.

✳

Wer nicht mehr hofft, ist alt.

✳

Die Ungeduld ist eines der größten Übel.
Wie oft nimmt sie dem Andern den Mut,
sich auszusprechen, sich zu befreien?

✳

Ein echtes Gebet ist Arbeit,
nach welcher man sich gestärkt fühlt.

✳

Psychologe?
Etwa Ersatz (?) für einen echten Freund?

＊

Die meisten Probleme
könnte unser Gewissen lösen,
wollten wir nur auf es hören.

＊

Was sammelst du Geld und Gut?
Hast du nicht schon genug,
um es hier zu lassen?

＊

Was heißt das: eigener Boden, eigenes Land?
Kann man nicht die ganze Welt genießen,
ohne sie zu besitzen?
Ein winziges Plätzchen ist einst jedem eigen.

✳

Musik ist die Sprache der Seele.
Weder Geist noch Bildung sind dazu vonnöten.
Dennoch bringt sie mehr Freude in die Welt
als alle Mathematik.

✳

Wer würde dich vermissen?
Niemand?
Dann ist es höchste Zeit,
für irgendjemanden da zu sein.
Für irgendjemanden.

✳

Kaufe eine Blume und verschenke sie.
Einfach so. Einem Passanten auf der Straße.
Es gibt dann mindestens
zwei Glückliche mehr auf dieser Welt.

✳

Nicht jeder Tag kann erfolgreich und fröhlich sein.
Aber man sollte versuchen,
ihn friedlich, ohne Feindseligkeit zu verbringen.

✳

Die Welt ist ein Spiegel.
So wie du hineinsiehst,
so schaut sie zurück.

✳

Auch deine Mitmenschen sind Geschöpfe Gottes.
Behandle sie daher als solche.

✳

Sage niemals: »Ich kenne dich durch und durch!«
Kennst du denn dich selbst genau?
Weißt du denn, wie du dich in dieser oder jener
Situation verhalten würdest?

✳

Das beglückende Empfinden
angesichts der Schöpfung beweist,
dass wir ein Teil derselben sind.

✳

Versuche zu erfahren,
was in deiner nächsten Umgebung
deinen Mitmenschen widerfährt.
Hier nämlich kannst du vielleicht helfen.
Natürlich ist es einfacher,
sich für das Schicksal der Straßenkinder
von San Francisco zu interessieren.
Da ist dein Engagement
mit einer Empörung erbracht.
Wie praktisch!

✳

Dem Hungernden ist es einerlei,
ob sein Brot aus eitler
oder aus mildtätiger Hand kommt.

＊

Kraft und Geld würden weiter reichen,
würde nicht so viel davon verwendet,
nur um zu zeigen,
wie viel man davon hat.

＊

Gute Ratschläge:
Einem Hungernden
ein Glas frisches Wasser anbieten.

＊

Singe dein Lied nicht so laut.
Es könnte einen Trauernden stören.

＊

Wie können wir jenem helfen,
der uns seinen Kummer verschweigt?

＊

Gutes tun im Stillen:
Kein Ruhm, kein Lob kann schöner sein
als solches Glücksgefühl.

✳

Freiheit!
Eine große Verpflichtung,
deren sich viele nicht bewusst sind.
Sie verstehen darunter Zügellosigkeit.

✳

Ein Frühlingsmorgen, ein Vogellied,
das dankbare Lächeln eines Kindes,
verschneite Felder, ein Sonnenuntergang,
bewusstes Ein- und Ausatmen:
Alles Dinge, welche glücklich machen,
die man weder zu kaufen braucht
noch kaufen kann.

✳

Sei freundlich!
Vielleicht ist für manchen dein freundlicher Gruß
das einzig Erfreuliche in seinem Tag.

✳

Intoleranz:
Das Verhängnis unserer Welt.

✳

Wer lieben kann,
ohne dabei die Seele zu gebrauchen,
unterscheidet sich durch nichts mehr vom Tier.

✳

Ist Recht tun nicht besser,
als Recht haben?

＊

Unser Christsein beginnt in der Kirche,
doch sollte es dort nicht enden.

＊

Was heißt ›Fortschritt‹?
Etwa Fortschreiten von Gott,
vom Guten, Schönen?

＊

Man muss schon sehr unbedeutend sein,
um keine Feinde zu haben.

✳

Du hältst dich für bescheiden,
wenn du dir weiter nichts wünschst
als nur ›Gesundheit‹?
Weißt du wirklich nicht,
welch ungeheuer großer Wunsch dies ist?

✳

Fasse einen schönen Gedanken!
Einfach so!
Er wird aufgehen wie ein Samenkorn
und dich glücklich machen.

＊

Manche Menschen stellen die Frage
nach unserem Wohlbefinden nur,
um sich Gelegenheit zu verschaffen,
über sich selbst zu sprechen.

＊

Was Wohlstand ist?
Nun, es ist dieser gesunde Mangel an Überfluss,
welcher uns die köstlichen Dinge dieser Erde
noch schätzen und genießen lässt.

✳

Sei unverzagt, du armes Herz!
Es gibt nicht Liebesglück ganz ohne Leid.
Trägt sich nicht leichter Liebesschmerz,
als ganz zu missen Lieb' und Seligkeit?

✳

Lieber eine echte Feindschaft
als eine falsche Freundschaft.

*

Große Seelen haben am häufigsten
das Talent, Glück zu schenken,
und am seltensten die Gnade,
Glück zu empfangen.

*

Es ist nicht jeder glücklich, der lacht.
Gar mancher spart die Tränen für die Nacht.

＊

Es wird viel mehr aus bloßer Gedankenlosigkeit
als aus böser Absicht gesagt und getan.

＊

»Alle Jugendlichen sind schlecht und verdorben« -
ausgenommen die Kinder jeder einzelnen Mutter.

＊

Die Eltern des Erfolgs:
Ausdauer und Fleiß.

＊

Erfolg:
Auch so eine Möglichkeit,
sich Feinde zu schaffen.

＊

Misserfolg:
Seine Feinde kennen lernen.
Sie grüßen plötzlich wieder freundlich.

＊

Nicht jeder, der gut reden kann, ist klug.
Wer aber im richtigen Moment schweigen kann,
ist bestimmt nicht dumm.

✳

Auf rosigen Wegen liegt das Vergnügen,
auf steinigen meist der Erfolg.

✳

Anonymität sollte kein Freipass sein
für schlechtes und unfreundliches Betragen.

✳

Sooft du dich nicht provozieren lässt,
ist ein Streit weniger auf der Welt.

✳

Berühmt sein:
Entdeckung, mit wem man alles
zur Schule gegangen war.

✳

Talentiert?
Vielleicht nur fleißiger als die andern.

✳

Talent:
Ein Schwerarbeiter vor Gott.
Dieser gibt die Einfälle,
jener muss sie ausführen.

＊

Erinnern ist Wiederkäuen der Seele.
Zumeist jedoch bekömmlicher
als die Mahlzeit selbst.

＊

Wem schlaflose Stunden verloren sind,
ist wirklich zu bedauern.

✳

Versuche das bisschen Platz in deinem Hirn
nicht mit Unrat zu füllen!

✳

Rede nicht mit Blinden über Farben!

✳

Verlange nicht von andern,
deine Hobbys zu teilen.

✳

Gegen üble Nachrede gibt es nur ein Mittel:
diese zu bekämpfen, wenn sie anderen gilt.

✳

Jeder Tag ist eine große Gelegenheit,
die Welt zu verschönern
durch ein freundliches Gesicht.

✳

Verzeihen, wenn es nicht auch
um deiner selbst willen geschieht,
ist völlig sinn- und nutzlos.

✳

An jedem Tag
irgendeinem Menschen
eine Freude machen,
es wird dir kein Tag mehr
freudlos sein.

✳

Viel wichtiger als unser Verhalten
gegenüber Erwachsenen
ist das gegenüber Kindern.
In ihnen hinterlässt jede Begegnung
viel tiefere Eindrücke;
das Wachs ist noch weich,
noch ungeprägt, noch aufnahmebereit.
Hier ist der Begriff ›Eindruck‹
wörtlich zu verstehen.

✳

Welches Gespräch ist fruchtbarer, besser:
Wenn der Gesprächspartner
ganz deiner Meinung ist
oder wenn er dich veranlasst,
deine Meinung zu überprüfen,
beziehungsweise auch noch andere
Denkwege zu riskieren?

✳

Wo ist der Sitz der Seele?
Wo tut es gut,
wenn wir eine blühende Kirsche betrachten?
Wohin in uns fällt die Musik, welche uns beglückt?
Wo erfüllt uns der Wohlklang
in schöne Worte gefasster Gedanken?
Wo ist der Sitz der Seele?

※

Mache dir das Göttliche in dir bewusst
und es wird dir leicht fallen,
dich menschlich zu verhalten.

✳

Vielleicht mögen wir nicht wichtiger sein
als ein Samenkorn.
Gewiss aber sind wir auch nicht unwichtiger;
also müssen auch wir unseren Daseinszweck
zu erkennen und zu erfüllen bemüht sein.

✳

Kritik ist meist schlecht verpackter Neid.

※

Beginne den Tag wohlwollend
und gib den andern die Möglichkeit,
dir zu gefallen.
Du selbst bist es - und nur du ganz allein,
der deine Welt ver- oder entzaubert.

※

Sage den positiven Gedanken,
die freundliche Meinung
deinem Nächsten, die du von ihm hast.
Glaube nicht, dass ein Mensch jemals
so groß und bedeutend werden kann,
dass er sich über eine ehrliche Anerkennung
nicht mehr freut.

✳

Einen Streit zu vermeiden
scheint mir der weitaus größere Sieg,
als denselben zu gewinnen.

✳

Ausdauer:
Selbstvertrauen.

✳

Vertrauen:
Eine etwas heimtückische Sache.

✳

Misstrauen:
Selbstbekenntnis.

✳

Sex:
Überholter Heiratsgrund.

✳

Nichts lässt sich so irreführend verpacken
wie das menschliche Wesen.

✳

Wie reich kann man
in der Gegenwart eines Einzelnen sein,
wie arm in der Menge.

＊

Wer uns das Gefühl gibt,
ein netter Mensch zu sein,
ist stets auch für uns
ein reizender, kluger Mensch.

＊

Hast du heute schon gelacht?
Nein?
Dann versuche doch wenigstens zu lächeln.
Einfach so.

＊

Gib einem alten Menschen dann und wann
Gelegenheit zu erzählen, sich auszusprechen.
Es macht euch beide reicher.

＊

Hab Geduld mit alten Menschen.
Wenn du Glück hast,
wirst du vielleicht auch mal sein wie sie.

*

Ach - *wären* es doch nur Reize,
die manche Zeitgenossen
im Urlaub in fremden Zonen
so schamlos zur Schau stellen.

*

Längst nicht jede Frau, die -
durch welche Umstände auch immer -
ein Kind empfängt,
ist zwangsläufig eine Mutter.

✳

Die Menschen scheinen
den Magnetismus füreinander verloren zu haben.
Statt Brücken bauen sie Mauern und Zäune.

✳

Im Kind den geliebten Mann zu sehen
und zu lieben, ist natürlich.
In ihm jedoch den gehassten Erzeuger zu sehen
und es ebenfalls zu hassen oder abzulehnen,
ist ›unmenschlich‹?
PS: ›Unmenschlich‹?
Käme solches jemals in der Tierwelt vor?

Lifting:
Verrat an der eigenen Persönlichkeit.

＊

Falten:
Jahresringe eines Menschenlebens.

＊

Humor:
Sollte nicht auf Kosten anderer,
sondern zum Vergnügen aller
bewiesen werden.

＊

Es gibt kein schlechtes Wetter;
es gibt nur ›schlechte‹ Kleidung.

✳

Siesta:
Abgedunkeltes Zimmer;
Abstand von Alltag und Weltgeschehen,
sich selbst suchen und finden.
Auch ohne Violinkonzert
ein Balsam für Leib und Seele.

✳

Seltsam, wie ein Traum
den Tag über mehrere Stunden
negativ oder positiv beeinflussen kann.
Es ist die Stimme des unbekannten Ichs,
welche uns verfolgt.

*

Veilchenduft und Vogellied
verleihen der Seele Flügel:
Träumen von der ersten Verliebtheit.

*

Die Seele und der Geist werden nicht alt.
Sie können jedoch beide krank werden,
was aber nicht zwangsläufig
mit dem Alter zu tun hat.

✳

Heimweh tut dann am meisten weh,
wenn man keine Heimat mehr hat.

✳

Schön angelegte Vorgärten
stelle ich als Kunstwerke
neben Malerei, Musik und Poesie:
Wie diese vermögen sie die Seele
zu berühren und zu erfreuen.

✳

Ein schöner Traum
kann den ganzen Tag beflügeln.

✳

Briefe zu schreiben hat viele Vorteile:
Man wird in seinem Gedankenfluss -
im Gegensatz zum Telefonat -
nicht unterbrochen.
Man hat die Muße,
alles schöner zu formulieren
und - last, not least - für den Empfänger:
Er kann den Brief in Ruhe lesen,
auch noch ein weiteres Mal;
kann ihn auf sich wirken lassen,
um ihn - ebenfalls schriftlich -
wohlüberlegt zu beantworten.

✳

Goldgelb leuchtende Forsythien
in allen Gärten und an allen Wegen
machen dir deutlich:
Schon wieder ein Jahr
und ich darf noch mit dabei sein.

※

Manch einer trägt
seine Krankheiten und Probleme
vor sich her wie eine Trophäe.

※

Wenn ein Mensch immer nur von
seinen Krankheiten und Sorgen spricht:
Lass ihn; erbarme dich!
Er hat nichts anderes.

*

So viele Menschen!
Und so wenig Nachbarn.

*

Nicht rauchen, abnehmen,
all das beginnt nicht beim Mund,
sondern etwas weiter oben.

✳

Ein guter Weg zum Erfolg:
Einen gefassten Plan
sofort und nicht *später*
in die Tat umzusetzen.

✳

Sage nicht:
Ich werde ›dies‹ oder ›das‹ machen,
sondern warte, bis du sagen kannst:
›Dies‹ oder ›das‹ habe ich gemacht.

Es scheinen im Weltgetöse
die zwei wichtigsten Worte
verloren gegangen zu sein:
die Worte BITTE und DANKE.

Jemanden ohne dessen Erlaubnis
mit DU anzureden
ist nicht cool oder leger:
Es ist unhöflich!
(Viele Engländer bedauern das Fehlen
der Höflichkeitsanrede SIE in ihrer Sprache.)

✳

Zeitunglesen wirkt nachhaltiger als Fernsehen;
man muss sich den Inhalt
der Information ›erarbeiten‹.

✳

Nimm dir jeden Morgen vor,
niemanden zu beleidigen,
niemandem Schaden zuzufügen,
keinem wehzutun,
und danke Gott am Abend,
wenn dir dein Vorhaben geglückt ist.

✳

Gott schenkt ohne Unterschied:
Gerechte wie Bösewichte werden
von der Sonne, dem Mond,
den Sternen beschienen,
werden vom Frühlingswind gestreichelt,
hören das Vogellied.
Sollten die Menschen daher nicht auch
versöhnlicher und verzeihender sein?

✳

Wie viele Blumen auf Gräbern
sind weiter nichts als:
»Es tut mir Leid, verzeih!«

*

Ach! Diese Blütenpracht auf Gräbern!
Ob die darunter Ruhenden
wohl zu Lebzeiten
auch Blumen bekommen haben?

*

Wären sich die Menschen gewiss,
dass es nach dem Tod kein Weiterleben gibt,
dann gäbe es vermutlich mehr Selbstmorde.
Wären sie sich jedoch gewiss,
dass es ein solches gibt,
dann gäbe es sicher noch mehr.

✳

Liebe lässt sich nicht besser beweisen
als in der Tat.
Ergo:
Man muss dem geliebten Menschen schon zeigen,
dass man ihn liebt.

＊

Einsame, trauernde Menschen
hätten oft noch so viel Liebe zu verschenken. -
Niemand will sie mehr.

＊

Erst dank der beim Fliegen
möglichen Vogelperspektive
gelang es dem Menschen,
städtebauliche Kunstwerke -
wie etwa des Georges Eugène Haussmann,
Schöpfer der sternförmigen Anlagen von Paris -
wie auch Gottes schöne Welt von oben
und damit erst in ihrer ganzen Schönheit
zu sehen und zu bewundern.

✳

Manche Menschen halten sich nur Haustiere,
um sich ein Lebewesen unterwerfen zu können.

*

Manche Menschen halten sich ein Haustier,
um ihre Liebe an ein Lebewesen
weitergeben zu können.

*

Manche Menschen halten sich ein Haustier,
um gebraucht und dafür geliebt zu werden.

*

Manche Menschen halten sich einen Dalmatiner,
weil er zu ihrem Pelzmantel passt.

✳

In den Kindern erleben wir
unsere Fortsetzung.

✳

Ein Tadel oder eine Bestrafung
sollten stets so sein,
dass der andere spürt,
man hätte ihn lieber gelobt
oder belohnt.

✳

Die meisten Wünsche,
welche in dir aufflammen,
könnten mit deinem eigenen Zutun
realisiert werden.

Ich bete vor jeder Operation für den Chirurgen,
dass seine Welt in Ordnung,
sein Befinden harmonisch und gelassen ist
und er seine Arbeit
unbelastet verrichten kann.

Ein neuer Tag grüßt dich.
Grüße zurück!

✳

...denn wisse:
Jede Begegnung,
jedes Erlebnis
verändert unsere Ansicht
von der Welt.

✳

Wen die Götter lieben,
dem geben sie einen Freund zur Seite.

✳

Das Leben ist zu kurz,
um es mit den falschen Menschen
zu verbringen.

✳

Alt ist, wer nicht mehr hofft.

✳

Sind die Freude und das Glück
über das, was wir besitzen,
jemals so groß,
wie die Trauer und das Leid
über dessen Verlust?

✳

So wie die Sonne die sichtbare Welt
leuchtender und farbiger macht,
so macht auch die Liebe
die Gefühlswelt leuchtender, schöner.

✳

Man sollte nicht aus
falsch verstandener Kompromissbereitschaft
allzu viel von der kostbaren
und kurz bemessenen Lebenszeit
mit den falschen Menschen verbringen.

✳

Es genügt nicht,
zu wissen, was sich gehört,
wenn man es nicht auch tut.

✳

Welche Eitelkeit
zu behaupten,
man sei bescheiden.

*

Keinem etwas antun,
was man selbst nicht möchte:
Gebote und Gesetze
wären überflüssig.

*

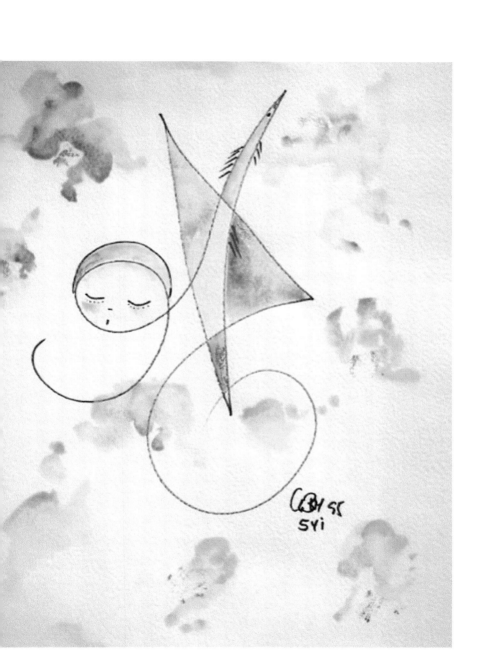

Ideen und Erkenntnisse
lassen sich weder verbieten
noch forcieren.

✳

Die Verehrung zu einem Kunstwerk
- Gemälde, Musik, Poesie -
sollte nicht durch die persönliche Bekanntschaft
mit dem Künstler entzaubert werden.

✳

Wert und Erfolg einer Veranstaltung
können nicht an der Besucherzahl
gemessen werden.

✳

Es sind nicht die schlechtesten Veranstaltungen,
welche die wenigsten Zuhörer
anzulocken vermögen.

✳

Eines ist jedoch gewiss:
dass die meisten Zeitgenossen
lieber lachen als denken.
Dies geht schon aus
den Zuschauerzahlen
der Tele-Sendungen deutlich hervor.

✳

Traue keinem,
der schlecht über andere spricht!
Er wird es bei anderen
auch über dich tun.

＊

Jeder Tag ist ein leeres weißes Blatt.
Sieh zu, dass du es nicht
mit Nutzlosem und Unschönem vollschreibst.

＊

Wir sollten nie vergessen,
dass wir für die anderen die Umwelt sind.
Bemühen wir uns daher,
eine angenehme, erfreuliche Umwelt zu sein.

✳

Ein neuer Tag -
eine neue Möglichkeit.

✳

Manche Menschen halten sich für humorvoll,
wenn sie dumme oder frivole Witze
machen oder weitererzählen.
Humor ist Geist, ist Esprit
und sollte sich in der gesamten Lebensart beweisen.

Wie peinlich,
wenn der Erzähler der Einzige ist,
der über seine Witze lacht.

Wie schön, wenn eine Mutter sagen kann,
sie habe nur über ihre Kinder geweint,
wenn sie krank oder in Gefahr gewesen waren.

✳

Ein Mann, der seine Mutter liebt und ehrt,
der ist - mein Kind -
auch deiner Liebe wert.

✳

Sensibilität hat nichts mit Schwäche zu tun,
so wenig wie Brutalität mit Stärke.

✳

Zuhören zu können
ohne ungeduldig zu werden,
ist eine selten gewordene Begabung.

✳

Keine Zeit?
Jeder hat im Grunde gleich viel Zeit.
Wichtig ist nur,
wie und wofür man sie verwendet.

✳

Sich selbst an jedem Tag etwas Gutes tun:
Ein gutes Gedicht lesen,
ein schönes Bild betrachten,
eine beglückende Musik hören,
dies sind die Drogen für die Seele.

Man sollte vorsichtig
mit seinen Geheimnissen umgehen.
Sie jemandem anzuvertrauen ist egoistisch,
ja, bisweilen sogar rücksichtslos.

✳

Oh Rose zart! Noch bist du schön,
noch sieht dich mancher mit Entzücken,
drum sei nicht stolz und lass dich pflücken
eh' deine Schönheit wird vergeh'n.

✳

Wie nur kommt es, dass oft jene Liebe
für die größte gehalten wird,
welche nicht erwidert oder enttäuscht wurde?

✳

Das Gesicht ist nur die Bühne,
doch hinter die Kulissen
vermag man selten einen Blick zu tun.

✳

Ein Glück, in welchem es noch
ein Wenn oder ein Aber gibt,
ist kein Glück.

✳

Man sollte stets in der größten Liebe
dem Verstand noch ein kleines Recht einräumen.

✳

Die Hauptsache in einer Liebe ist,
dass einer des anderen wert ist.

✳

Es sollte nicht genügen geliebt,
sondern vor allem auch
verstanden und respektiert zu werden.

✳

Denk vom andern nicht zu gering!

✳

Im Leid,
nicht im Glück
wachsen Herzen.

✳

Such nicht dein Glück im Gestern.
Lass die Vergangenheit!
Erwarte nicht viel von Morgen,
genieße froh das Heut!

✳

Die Welt ist voller Wunder,
gewaltig und schön.
Du musst einfach lernen,
das alles zu seh'n.

✳

Ist auch der Geist noch jung und schön,
beginnt der Körper zu vergeh'n.

✳

Sei dankbar, wie der Greis,
noch einen weiteren Frühling
erleben zu dürfen.

✳

Mancher glaubt mit Grobheit
Stärke zu beweisen.

✳

Strenge ist Kälte.
Freundlichkeit ist Wärme.
Die Welt und die Herzen aber
bedürfen der Wärme.

✳

Ein gütiges Lächeln
ist wie ein Blumenstrauß.

*

Wer Gott sucht,
hat ihn bereits gefunden:
Würde man etwas suchen,
von dessen Vorhandensein
man nicht überzeugt wäre?

*

Für eine Frau ist es besser
DEN Mann zu heiraten,
von welchem sie geliebt wird,
als jenen zu nehmen
den SIE liebt.

*

Mit dem Glück ist es wie mit der Gesundheit:
Beider Bedeutung erkennt man erst,
wenn sie fehlen.

*

Jeder Tag ist ein Geschenk.
Nütze ihn!

*

Die Gesundheit der Seele
ist die Seele der Gesundheit.

✳

Missgunst und Neid:
Eine größere Bewunderung gibt es nicht.

✳

Es heißt: Glück gleiche an Höhe aus,
was ihm an Länge fehlt.
Das hieße, dass die Erinnerung an etwas
dessen Präsenz zu ersetzen vermöchte. (?)

✳

Zu keiner Zeit haben die Männer
so negativ über die Frauen
gesprochen oder geschrieben,
wie dies heute die Frauen
über das andere Geschlecht tun.
Seltsam praktizierte Emanzipation.

*

Auch an das Gute im Menschen zu glauben,
wenn er es nicht zeigen kann,
ist, wie der Glaube an die Sonne
über der grauen Wolkendecke.
Beides ist da.

*

Um einem an sich selbst
zweifelnden Menschen zu helfen,
ist nichts weiter nötig,
als ihm zu vertrauen.
Er fühlt sich wieder wertvoll
und wird dies auch beweisen wollen.

✳

Gott lässt uns sinken -
aber nicht ertrinken.

✳

Manche Menschen lieben es,
geliebt zu werden,
ohne dieses Gefühl zu erwidern.

✳

Nichts geht über ein gutes Essen mit netten Leuten
bei einem interessanten, erfreulichen Gespräch.

✳

Man sollte keinen Tag beenden,
ohne sich zu fragen,
was man aus ihm gemacht hat.

✳

Gib jedem Tag *den* Wert,
den ein neuer Anfang stets verdient.

✳

Wer nicht verzeiht,
ist nicht mehr berechtigt,
das Vaterunser zu beten.
(»...so wie auch wir vergeben...«)

✳

Viele Menschen ahnen nicht,
wie gerne ihnen verziehen würde,
wenn sie nur darum bäten.

✳

Die Mutterliebe ist die einzige Liebe,
welche keine Gegenleistung erwartet;
sie birgt den Lohn in sich selbst.

✳

Sprachen sind
der Schlüssel zur Welt.

✳

Musik und Malerei
sollten nicht erklärt zu werden brauchen.

✳

Ein frugales Mahl
und ein gutes Gewissen:
Ich wüsste nichts Besseres.

✳

Das Parfum wurde
als Ersatz für Hygiene erfunden.

✳

Schon wieder ein Tag mehr,
oder etwa:
schon wieder einer weniger?

✳

Gesundheit:
Was wir dann am höchsten schätzen,
wenn sie uns fehlt.

*

Mode:
Ständig wechselnde Mittel
zum ständig selben Zweck.

*

Kochen:
Durch Verändern der Lebensmittel
diesen einen,
von uns erfundenen, Geschmack verleihen.

*

Essen:
Eine der angenehmsten Arten,
den Schöpferwillen zu erfüllen.

✳

Lieben:
Siehe ›Essen‹.

✳

Geburt:
Beginn der Rückreise.

✳

Tod:
Was nur die andern er›leben‹.

✳

Sterben:
Ortswechsel der Seele.

✳

Hochzeit:
Austausch verschiedener Werte.

✳

Beerdigung:
Wiedersehen mit entfernten Verwandten.

✳

Frühling:
Illusion, welche sich nicht
an den Kalender hält.

✳

Sommer:
Unerreichbarkeit
sämtlicher Freunde und Verwandten.

✳

Schlafen:
Sendepause der Erwartungen.

✳

Erwachen:
Fortsetzung unserer Erwartungen.

✳

Arbeit:
Was wir schaffen
oder was uns schafft.

✳

Reisen:
Einen Ort verlassen,
um sich nach ihm zurückzusehnen.

*

Krankheit:
Der nötige Abstand zur Gesundheit,
um deren Größe und Wert zu erkennen.

*

Liebe:
Was man verschenkt,
um es wiederzubekommen.

*

Träumen:
Erinnern der Seele.

✳

Ferien:
Keine Mühe scheuen,
um sich zu erholen.

✳

Freunde:
Wer über dieselben Dinge lacht wie du.

✳

Heimat:
Nicht wo du geboren bist,
sondern wo du die glücklichste Zeit
deines Lebens zugebracht hast.

＊

Freiheit:
Freiwillig das Rechte tun.

＊

Trost:
Verstehen, nicht Mitleid.

＊

Telefon:
Legalste Möglichkeit,
seine Mitmenschen zu belästigen.

✳

Spott:
Sich selbst,
nicht den andern bloßstellen.

✳

Komplimente:
Sich beim andern als Kenner ausweisen.

✳

Idealismus:
Vergewaltigung der Realität.

✳

Kirche:
Für viele nur ein Bauwerk
besonderen Stils.

✳

Höflichkeit:
Bekömmlichste Art von Heuchelei.

✳

Jugend:
Man ist noch *zu jung* dafür.

✳

Alter:
Man ist schon *zu alt* dafür.

✳

Herbst:
Entschädigung
für unzuverlässigen Frühling.

✳

Winter:
Warten auf den Frühling.

*

Religion:
Was viele nur mit ›Kirchensteuer‹ übersetzen.

*

Glauben:
Schönstes Bewusstwerden
unser selbst.

*

Heroismus:
Honorierte Eitelkeit.

∗

Feigheit:
Das Leben dem Ruhm vorziehen.

∗

Höflichkeit:
Tiefgekühlte Sympathie.

∗

Unhöflichkeit:
Migräne der Seele.

✳

Selbstbewusstsein:
Der Aberglaube,
die andern würden uns so sehen,
wie wir dies möchten.

✳

Hemmungen:
Der Aberglaube,
die andern könnten von uns
etwas Außergewöhnliches erwarten.

✳

Aphorismen:
Rülpser der Weltbetrachtung.